7

Lk 1666.

ELOGIUM CASLETI

A

MAXIMILIANO VRIENTIO

COMMENTAIRE ET TRADUCTION

PAR

L'ABBÉ ADOLPHE BLOEME,

CURÉ DE ROQUETOIRE.

HAZEBROUCK

IMPRIMÉ CHEZ L. GUERMONPREZ, LIBRAIRE-ÉDITEUR,

RUE DU RIVAGE.

—

1861.

AVANT-PROPOS.

Monsieur Guermonprez , imprimeur à Hazebrouck , me fit dernièrement l'honneur de demander mon assentiment au projet qu'il avait d'insérer au feuilleton de son journal un petit commentaire lu par moi à Cassel dans la séance d'excursion qui eût lieu en cette ville par le congrès archéologiqne de France pendant la 27.ᵉ session tenue à Dunkerque en 1860.

Je me trouvais trop honoré de voir ces paroles ainsi transmises jusqu'aux derniers hameaux de notre chère Flandre, de recevoir surtout cette hospitalité littéraire à côté du magnifique discours historique prononcé par monsieur le docteur Desmyttère dans lequel l'auteur fait une rapide et attrayante esquisse des faits mémorables qui illustrèrent Cassel, je me trouvais trop honoré pour ne pas consentir avec empressement à la proposition de monsieur Guermonprez.

Monsieur Guermonprez a eu l'aimable attention, pour me récompenser de ma condescendance, de paginer mon commentaire et de le mettre à ma disposition.

Ce bon office de monsieur l'imprimeur de l'*Indicateur* d'Hazebrouck, me permet d'en distribuer à quelques personnes.

Veuillez avoir l'obligeance d'accueillir l'exemplaire que j'ai l'honneur de vous adresser en hommage.

Et croire à la respectueuse considération que vous conserve celui qui a l'honneur d'être

Votre très-respectueux serviteur,

Adolphe BLOEME,
Curé de Roquetoire,
près Aire sur la Lys (Pas-de-Calais).

Le 21 août 1860, sous la présidence de M. de Caumont, directeur de la société Française d'archéologie, les membres du congrès de la 27e séance siégeant à Dunkerque, partirent à huit heures du matin par un train spécial et visitèrent Bergues, Cassel et Esquelbecq.

Le but spécial de l'excursion était Cassel où, sous la présidence de M. de Monnecove, sous-préfet d'Hazebrouck, eût lieu une séance remarquable sous tous les rapports comme chacun peut le voir dans la lecture du compte-rendu par les secrétaires du congrès.

Guidé par un motif tout patriotique, nous avons offert en leur ensemble tous les épisodes de cette journée, nous nous sommes plu à éditer à part pour M. Bloeme, la fin de la séance dont il a fait en partie les frais pour le plaisir de tous, heureux de pouvoir lui offrir ce gage d'estime.

L. GUERMONPREZ.

ELOGIUM CASLETI

1732.

ELOGE DE CASSEL

1860.

M. le secrétaire-général Cousin donne des renseignements
sur des découvertes faites, sur la pente de la montagne de
Cassel, dans une carrière située à quelques pas de la grande
route qui conduit à la station du chemin de fer. Le sieur
Moisson, entrepreneur, demeurant en cette ville, lui a dit
qu'à l'époque où il a extrait de cette carrière du sable pour
l'établissement du chemin de fer, dont l'ouverture date de
1848, il y a trouvé, à une profondeur de 5 à 6 mètres, cinq
à six cents tasses ou soucoupes dont la couleur était rouge
et, en outre, d'autres objets parmi lesquels il a cité des
lampes, statuettes, et une vingtaine de vases en terre blanche.

M. Moisson a ajouté qu'il avait vendu une grande partie
de ces objets, et qu'il se rappelait avoir obtenu 25 fr. pour
une soucoupe portant le nom d'un potier romain. Voilà le
fait, tel qu'il a été exposé ; et, en l'admettant comme vrai,
il serait bon de rechercher ce qu'on pourrait en conclure.
Y a-t-il eu là un établissement de céramique, ou y a-t-on
caché ces divers objets pour les soustraire à la destruction
en temps de guerre, ou enfin doit-on y voir toute autre
chose? Il appelle l'attention sur cette question. La discussion
étant ouverte, on demande qu'on aille chercher une des

soucoupes conservées chez le sieur Moisson : cette soucoupe est apportée, et M. de Caumont, après l'avoir examinée, déclare qu'elle lui paraît de l'époque romaine.

M. Wykeham-Martin demande à présenter des observations sur le résultat de l'examen auquel on s'est livré le matin, à l'endroit des fouilles. Ce n'est pas la première fois qu'il visite des murs romains : il en a vu des restes à Lymne (*Lemannis*), à Richborough (*Rutupiæ*), à Lincoln, et à Douvres (*Dubris*), et tout lui prouve que le grand peuple suivait des règles invariables dans ses constructions. Il a remarqué qu'on plaçait d'abord deux ou trois cordons de briques, puis huit à neuf assises de pierres, et ainsi successivement briques et pierres. Il a observé, en outre, que dans le ciment se trouvaient toujours mélangées des briques en poudre. Ces observations, que rien n'est venu jusqu'ici contredire, ne lui laissent aucun doute que les pans de murs exhumés par les fouilles du château de Cassel ne soient de l'époque romaine : aussi priera-t-il son savant ami, M. Roach Smith, de les venir voir.

M. le Président remercie M. Wykeham-Martin de ces renseignements et donne la parole à M. H. de La Plane, qui exprime le vœu qu'une promenade historique soit établie sur la terrasse du château de Cassel, en commémoration des souvenirs de la grande époque romaine; il demande, en outre, que M. le maire de Cassel veuille bien faire transporter dans le musée un fût de colonne placé au coin d'une rue de Cassel.

M. le maire de Cassel promet de faire tout ce qui dépendra de lui pour réaliser les vues de M. de La Plane.

M. Gérard, sous-préfet de l'arrondissement de Dunkerque, ajoute que le vœu relatif à l'établissement d'une promenade historique devait être l'objet d'une demande au Conseil d'arrondissement et au Conseil général, et qu'on ferait bien de l'adresser ensuite à la ville et de recourir aux souscriptions particulières.

M. de Caumont applaudit à cette généreuse proposition et annonce que la Société française d'archéologie, bien qu'elle ait déjà consacré 200 fr. aux fouilles de Cassel, accordera encore 300 fr. pour la restauration de l'ancien hôtel-de-ville. Il espère que l'exemple de cette Société ne sera pas sans profit pour l'avancement des restaurations archéologiques.

M. de La Plane se lève et dit qu'il croit pouvoir offrir, pour la promenade historique, 200 fr. au nom de la Société des Antiquaires de la Morinie dont il est le secrétaire-général.

M. Louis De Baecker demande la parole pour s'associer au vœu de M. de La Plane, mais il propose un amendement : il est bon, dit-il, de rappeler le passé, mais c'est le théâtre même des événements qui doit le rappeler : qu'on laisse donc au lieu de sa découverte le fût de colonne dont M. de La Plane demande la translation au musée de la ville. C'est au cœur et à l'esprit que l'histoire doit parler, et ce n'est pas au musée que l'on doit aller pour apprendre que dans une certaine rue s'élevait, au XII.e siècle, une célèbre collégiale, celle de St.-Pierre.

Cette observation est repoussée par M. de La Plane, qui ne voit pas l'utilité de laisser dans une rue un intéressant chapiteau qui s'y dégraderait, tandis qu'il serait conservé à jamais dans le musée.

M. le capitaine Cox dit qu'en Angleterre il est d'usage de placer sur le bureau les vases, les monnaies et autres objets antiques qui ont été découverts récemment et qui peuvent fournir matière à discussion : c'est une petite exhibition momentanée qui est intéressante pour tous les membres du Congrès.

La parole est donnée à M. Carlier, qui lit un travail sur la 16.e question du programme, ainsi conçue :

Ne convient-il pas d'établir, sur chacun des champs de bataille de la Flandre maritime, un monument commémoratif, une colonne, un cippe, une pyramide?

M. Carlier parle de différentes batailles qui ont eu lieu dans la Flandre maritime, en disant qu'elles ont été gagnées tantôt par les Flamands, tantôt par les Espagnols, tantôt par les Français, et il présente des considérations de nature à faire résoudre négativement la question posée : il dit notamment que, sous l'impulsion de fraternité universelle et dans les dispositions pacifiques où tous les peuples européens semblent heureux de se laisser entraîner aujourd'hui, il est de notre devoir de repousser toute manifestation tendant à perpétuer les sentimens d'antagonisme des époques de guerre.

M. le docteur De Smyttere fait remarquer que la question a pour but de demander non un monument de victoire, mais une simple pierre de souvenir : il ajoute qu'il ne s'agit pas d'humilier des vaincus, *souvent aussi braves que les vainqueurs.* Une colonne commémorative servirait du moins à marquer le passage de l'emplacement principal déjà en partie oublié, du *champ de bataille de Peene*, près Cassel, de 1677. où fut versé le sang de nombreux chrétiens.

M. Baruffi fait observer qu'il y a, au XIX.e siècle, un monument plus impérissable que le marbre : l'imprimerie. C'est à l'histoire seule, dit-il, qu'il appartient de perpétuer le souvenir des batailles.

M. de Caumont ne partage pas l'opinion des préopinants. Les monuments élevés sur place, dit-il, ont un but particulier, celui d'indiquer le lieu même où ces événements se sont passés. Or, cette détermination géographique absolue n'est pas inutile. La Société française d'archéologie a toujours encouragé ce qu'on a fait dans ce but.

La parole est ensuite à M. l'abbé Bloeme, membre correspondant de la Société dunkerquoise, qui lit une traduction qu'il a faite de vers latins composés en l'honneur de Cassel, la ville natale de son père. M. l'abbé Bloeme s'exprime ainsi :

Une personne bienveillante m'offrit un jour un volume, en me disant : « Je sais quels liens affectueux vous atta-« chent à la ville de Cassel : prenez ce livre, vous y trou-« verez des choses qui auront pour vous de l'attrait. »

Ce livre, Messieurs, était intitulé : *Topographie historique, physique, statistique et médicale de la ville et des environs de Cassel,* par M. De Smyttere, et dédié par l'auteur à son pays natal, sous cette devise des *Tristes* d'Ovide :

Pius est patriæ facta referre labor .

Narrer les choses de la patrie, c'est un pieux labeur.

L'auteur voudra bien me permettre de sourire à la charmante idée qu'il a eu de mettre en tête de son livre un éloge de la ville de Cassel :

ELOGIUM CASLETI. 1732.	ÉLOGE DE CASSEL. 1860.

Alpes Flandrorum, cœlo conterminus Aon
   Et fons Castaliis qui salit uber aquis.
Musarum mystæ Phœbique patrisque Lyæi
   Orgia; templorum culmina digna Deo.
Consedisse simul Casleti in monte videntur :
   Vallibus insedit Chloris et alma Ceres.
Pindum alibi quæras et inania nomina Tempe.
   Quin tibi Casletum veriùs ille dabit.
Et Martis dabit ille viros, veneresque puellas
   Vestalesque dabit sacrificosque Numas.
Si condenda forent veterum nova regna Quiritum,
   Huncetiam Montem cingere Roma queat.

Cet *Elogium Casleti* porte le millésime dix-sept cent trente-deux (1732). Il est signé : VRIENTIUS.

C'est une belle citation, dont M. De Smyttere orne son livre. Cette citation témoigne de son bon goût.

En lisant cette petite poésie, je subis le charme de la diction. J'admirai sa belle et limpide latinité. Je fus curieux d'être un peu mieux renseigné touchant cet auteur.

L'un de vos plus zélés collaborateurs me procura cette jouissance. Je m'adressai à M. L. De Baecker; j'en reçus l'officieuse note suivante :

« Le poëte sur lequel M. Bloeme me fait l'honneur de me
« demander des renseignemens est un poëte flamand, nommé
« Maximilien de Vriendt. Il a écrit de petits poèmes sur
« toutes les villes des anciens Pays-Bas; on les trouve épar-
« pillés dans le grand ouvrage de Sanderus.

« Si M. Bloeme désire avoir des détails biographiques sur
« cet écrivain, il les trouvera dans la *Bibliotheca belgica* de
« Foppens et dans les *Mémoires pour servir à l'histoire littéraire*
« *des Pays-Bas*, par Paquot. Je n'ai pas en ce moment les
« volumes sous la main, et je regrette de ne pouvoir les
« communiquer à M. Bloeme... »

Je fais ici mémoire de cette note parce que, plus heureux que moi, Messieurs, plusieurs d'entre vous ont ces ouvrages sous la main.

Le petit poème latin ne contient que douze vers. Eh bien! dans ce cadre rétréci, l'auteur est assez adroit pour faire passer sous nos yeux une suite d'agréables tableaux, de détails gracieux, une énumération de choses aimablement pensées, très-poétiquement exprimées; et tout cela se trouve couronné, de la façon la plus naturelle, par une fine et adroite louange à l'adresse de la noble cour de Cassel. Il touchait ainsi les fibres de gloire et d'amour des Casselois. Chacun était heureux de la part versée par l'agréable Muse.

Vrientius ou de Vriendt appelle la montagne les Alpes des Flandres :

Alpes Flandrorum.

Il nous y découvre la fontaine de la nymphe Castalie. Les amis des Muses peuvent s'y désaltérer; Apollon près d'elle a fixé son séjour.

Et fons Castaliis qui salit uber aquis.

Bacchus aime aussi cette fontaine, car il transforme ses eaux en vin du pays (la bière s'entend), et si ce n'est un rouge bord, c'est le verre de bière à la main que Bacchus invite les buveurs à la gaîté.

La vue du poète se repose avec complaisance sur les édifices sacrés établis sur la montagne. Autrefois, on le sait, à ceux encore existants s'ajoutait la collégiale de St.-Pierre, dont vous avez ce matin, étudié les ruines assises sur le plateau qui domine toute la contrée. On se fait une idée de l'imposant aspect que devait avoir cette cîme ainsi couronnée:

Templorum culmina digna Deo
Consedisse simul Casleti in monte videntur.

Hélas! des niveleurs ont passé là, et ce noble édifice a disparu!!!

De la crête de la montagne, le poète nous invite à promener nos regards sur le vaste panorama qui se déroule sous nos pieds jusqu'à l'horizon lointain. Il démontre à nos yeux que Flore et Cérès ont fait de ces contrées leur agréable et bienfaisant séjour.

Vallibus insedit Chloris et alma Ceres.

Les habitans de ces lieux enchanteurs ont leur Pinde. Il est inutile de promener au loin une imagination vagabonde pour trouver à esquisser les douceurs d'une vallée idéale qu'on est convenu d'appeler Tempé; la nature, ici, déborde l'imagination et l'extase de l'admiration nous saisit.

Pindum alibi quæras et inania nomina Tempe
Quin tibi Casletum verius ille dabit.

Le poète se demande ensuite quels hommes habitent ces hauteurs.

Cassel est le boulevard de la Morinie; Mars y a fixé de valeureux guerriers :

Et Martis dabit ille viros.

Tandis que ceux-ci, les armes à la main, défendent la patrie, d'autres, cultivant la sagesse, offrent le sacrifice, sont les instructeurs du peuple, approchent de la Divinité pour obtenir sur tous les faveurs du ciel :

Sacrificosque Numas.

Il esquisse également en deux traits saillants la noble mission de la femme, et comment elle comprend son devoir en ces contrées. D'une part, c'est la jeune fille qui devient l'honneur d'un digne époux, la gloire du sanctuaire de la famille;

d'autre part, c'est la jeune fille qui voue sa virginité au Seigneur pour offrir ses bras à l'orphelin et soulager les délaissés. Voilà, dit-il, la femme à Cassel :

Veneresque puellas
Vestalesque dabit.

Chacun sait quelle auréole environnait la châtellenie de Cassel, quel rang illustre occupait dans la société la noble cour. De Vriendt n'a garde de l'oublier : or, à son avis, Rome y trouverait des citoyens dignes de siéger au sénat :

Si condenda forent veterum nova regna Quiritum,
Hunc etiam montem cingere Roma queat.

Telle est, Messieurs, la composition du poète en 1732.

J'ai pensé qu'en ce jour (1860) où votre Congrès recevait la gracieuse hospitalité des Casselois, joyeux et honorés de vous accueillir avec enthousiasme, ainsi que l'auraient fait leurs nobles aïeux, vous voudriez bien me permettre de vous lire la traduction française que j'ai faite de ce morceau de poésie, de vous produire ces souvenirs d'un autre âge pour les léguer nous-mêmes à ceux qui viendront, après nous, jouir du spectacle de ces lieux où le Créateur a imprimé le doigt de sa magnificence.

Voici cette traduction :

ÉLOGE DE CASSEL.

Toi, nos Alpes, Cassel, ta cime est dans les cieux;
De tes flancs généreux rejaillit l'onde pure :
Apollon et Bacchus chérissent son murmure.
Ils annoncent de loin des soins dévotieux,
Ces temples du Seigneur assis sur ta montagne.
Cérès en ta vallée et Flore en ta campagne
Ont mis leurs ornements, ont semé leurs bienfaits.
Que d'autres, de Tempé, d'un Pinde imaginaire,
Surchargent leurs tableaux; cet art est nécessaire
Aux douces fictions. Mais toi, Cassel, jamais
Le pinceau ne dira ta beauté naturelle !
Quand Mars fait retentir la trompette cruelle,
Tu hérisses ton front de soldats valeureux.
Quelle est belle, ta fille, au jour de l'hyménée,
Ou bien lorsqu'à l'autel, de roses couronnée,
Elle voue au Seigneur, aux êtres malheureux,
Sa fortune, ses soins et sa verte jeunesse !
Tes prêtres sont nombreux; ils prêchent la sagesse.
Chez de nouveaux Romains s'il fallait quelque jour
Composer un sénat : pour lui donner du lustre,
L'offrir à tous égards aussi digne qu'illustre,
Je voudrais des élus pris dans ta noble cour.

Merci, Messieurs, d'avoir bien voulu tolérer parmi vos sérieuses investigations cette petite excursion dans le domaine des Muses.

Vous m'avez fourni l'occasion d'offrir cette fleur à des parents, pour moi toujours tendres, à des amis toujours bienveillants; encore une fois merci.

A vous maintenant à parler des magnificences de ce vaste panorama; à vous d'évoquer les souvenirs historiques et de les faire briller, comme un phare indicateur, aux yeux des générations suivantes. Nous vous prêtons toute notre religieuse atttention.

Cette lecture est suivie de chaleureux et unanimes applaudissements.

M. Gérard, sous-préfet de Dunkerque, renouvelle la demande que le Congrès émette le vœu que le Conseil général accorde une subvention, pour aider à l'accomplissement des généreux efforts de la Société française d'archéologie en faveur de Cassel et des grands souvenirs historiques qui s'y rattachent. Cette demande obtient l'assentiment général et d'unanimes applaudissements se font entendre.

Personne ne demandant la parole, M. le Président déclare la séance levée.

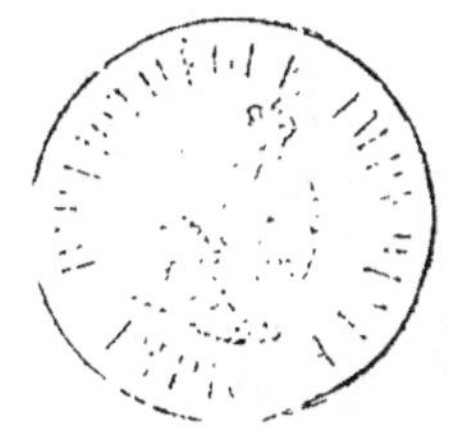

FIN.

Hazebrouck. — Imprimé chez L. Guermonprez,

www.ingramcontent.com/pod-product-compliance
Lightning Source LLC
Chambersburg PA
CBHW061858080726
47597CB00010BA/4294